一定要告诉女儿的那些事

[英]菲力浦·切斯特菲尔德/著　　[韩]张敬根　吉柱/改编
[韩]李佾善/绘　　徐月珠/译

北京联合出版公司
Beijing United Publishing Co.,Ltd.

编者序 commendation

陪伴女儿一生的礼物

家里的小公主就像你手心里的宝，含在嘴里都怕化了！看着她粉嘟嘟的小脸，忽闪忽闪的大眼睛，真想永远守在她身旁，眼睛都不眨一下地看着她，让她能永远都这么天真可爱，无忧无虑。

可是小公主毕竟一天天长大、成熟了，她会变成一个亭亭玉立的少女，去追寻自己的梦想和幸福。爱她的爸爸妈妈，如果真的每天都守在她身旁的话，恐怕还会使她感到束缚呢！

所以，你们也想早一些把你们想要对她说的话，想要教给她的人生经验告诉她吧！可是作为爸爸的你，该怎样才能既让她感到你父亲式的爱和鼓励，而又能避免碰触到她敏感的小心思，让她能够推倒心防，与你保持亲密的互动呢？

想一想，没有比写信更合适的方式了！

早在18世纪，本书的原著作者——英国著名的政治家和外交家菲力浦·切斯特菲尔德就因其所写的《爸爸写给儿子的一封信》而闻名，两个多

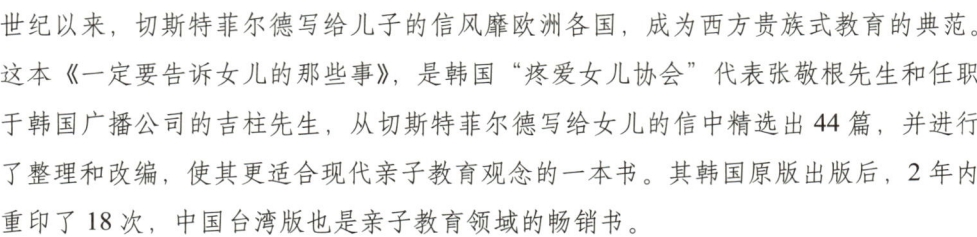

世纪以来，切斯特菲尔德写给儿子的信风靡欧洲各国，成为西方贵族式教育的典范。这本《一定要告诉女儿的那些事》，是韩国"疼爱女儿协会"代表张敬根先生和任职于韩国广播公司的吉柱先生，从切斯特菲尔德写给女儿的信中精选出44篇，并进行了整理和改编，使其更适合现代亲子教育观念的一本书。其韩国原版出版后，2年内重印了18次，中国台湾版也是亲子教育领域的畅销书。

本书从四个方面——"给充满梦想的你、给学习待人处事的你、给希望男女平等的你、给想要拥有充实人生的你"，告诉了女儿一个美好人生的方向。配以多幅活泼生动的插图后，会令宝贝女儿自己也读得津津有味！

作为爸爸的你，还等什么呢？赶快和女儿一道体味这份成长的温暖和快乐吧！

编者谨识

亲爱的女儿：

　　爸爸多想可以做你永远的守护者，为你遮风挡雨；多想可以为你的梦想撒上美丽的花瓣，让你的人生更加多彩多姿，因为你是爸爸心中永远的小公主！

　　你总是嘟着小嘴问：我长大后会是个什么样的人呢？男生和女生究竟有什么不同呢？我要怎样安排自己的生活呢？我的小公主啊！爸爸可不想让这些小小的烦恼，掩盖了你那甜美的笑容。

　　所以爸爸将你想知道的都一一写下了，希望你能够用心慢慢地感受，爸爸也想用这种方式告诉你，爸爸真的爱你！

爸爸

目录 CONTENTS

给充满梦想的你

001　奠定人生的基础 …………………… *12*
002　你长大后想成为什么样的人 ………… *14*
003　永远保持好奇心 …………………… *16*
004　为人诚实并充满自信 ………………… *18*
005　成功者的秘诀 ……………………… *20*
006　妈妈是你最好的老师 ………………… *22*
007　培养良好的习惯 …………………… *24*
008　学习规划生活 ……………………… *26*
009　为自己说的话负责 …………………… *28*
010　赞美是进步的最佳动力 ……………… *30*
011　养成记笔记的习惯 …………………… *32*

给学习待人处事的你

- **012** 以单纯的心看世界 …………… *36*
- **013** 学习控制脾气 …………… *38*
- **014** 懂得展现长处 …………… *40*
- **015** 礼貌是成功的第一步 …………… *42*
- **016** 正确的礼仪观念 …………… *44*
- **017** 拒绝的艺术 …………… *46*
- **018** 珍惜会批评你的朋友 …………… *50*
- **019** 犯错时不找借口 …………… *52*
- **020** 不要在背后批评朋友 …………… *54*
- **021** 培养良好的适应力 …………… *56*
- **022** 学会爱自己 …………… *58*

目录 CONTENTS

给希望男女平等的你

023	请主动付出爱心	62
024	男女一样优秀	64
025	别让困境吓倒自己	66
026	坦率地与异性相处	68
027	给初次面对月经的你	70
028	与异性交往的正确态度	72
029	"一定要幸福"的义务	74
030	睡眠要充足	76
031	为了健康请远离速食	78
032	健康比身材更重要	80
033	两性平等不是梦	82

给拥有充实人生的你

- **034** 把握短暂的空闲时刻 ……… 86
- **035** 玩乐并不是坏事 ……… 88
- **036** 多去郊外走走吧 ……… 90
- **037** 学习正确的金钱观 ……… 92
- **038** 通过历史来了解世界 ……… 96
- **039** 学习英文以拓展视野 ……… 98
- **040** 阅读书籍不应设限 ……… 100
- **041** 培养良好的学习习惯 ……… 102
- **042** 试着培养自己的爱好 ……… 106
- **043** 永葆一颗乐观的心 ……… 108
- **044** 勇于挑战自我 ……… 110

给充满
梦想的你

给充满
梦想的你

001 奠定人生的基础

你现在正处于人生最重要的阶段,所以,爸爸写信给你,与你分享爸爸的人生经验。

嗨！亲爱的女儿，虽然现在的你，已能自己学习和了解许多事情，但是爸爸还是有些话想对你说。也许你会觉得爸爸太过啰唆，不过，我认为现在这个阶段对你非常重要，因此，爸爸想在此时给你一些有用的建议，并且提供我的亲身经历给你参考，希望对你有所帮助。我决定用写信的方式表达，所以，请不要觉得有压力，要耐心地看完！

　　人生的基础须从小学时开始奠定，现在，正是你学习的重要阶段。你听过"时间就是金钱"这句话吗？这句话的意思是要人们好好珍惜时间，千万不要虚度光阴。不过，说起来很容易，但是真正能够做到的人却是少之又少。由于很多人在小时候都没有善加利用时间的观念，所以，爸爸希望你能从现在开始就了解时间的宝贵与重要性，并且学习如何利用时间。

　　你知道爸爸很喜欢看书吧？我想，这个阅读习惯应该永远都不会改变。爸爸之所以觉得看书是一件很快乐的事，全是因为我上小学时就已经养成阅读的习惯，不过，我也时常出去玩耍。而且，我从来不认为玩耍所耗费的时间是毫无意义的，因为玩耍可以让我们的人生更加有趣，也能带给我们许多快乐，因此，我认为，什么事都不做才是最浪费时间的行为。

　　未来这几年将是你人生中最重要的时期，爸爸希望你能过得既愉快又有意义，因为这段时间对你的未来将有很深远的影响。

002 你长大后想成为什么样的人

爸爸希望你能成为一个有梦想的人,因为,有梦想的小孩才懂得如何完成自己的心愿。

你长大以后，想成为一个什么样的人呢？又想做些什么事情呢？

你觉得现在想这些还太早了吗？其实并不早。因为我们所熟悉的伟人，在小时候就已经对未来怀抱着伟大的梦想，并且在长大后尽全力达成，即使在筑梦的过程中无法获得他人的肯定也不气馁，仍然为了完成梦想而默默努力与坚持。

我们的人生，也会因小时候的梦想而改变，所以，爸爸希望你也能够拥有梦想，如果你还没有思考过自己的未来，那么从现在开始就好好地想一想吧！

爸爸希望你能成为一个有梦想的人，而且我相信，懂得思考未来的小孩，将来一定可以完成自己的梦想。

我们可以根据你现在的梦想，或是你以后可能会拥有的梦想，一起想想你将来会成为一个什么样的人，所以，把你的梦想告诉爸爸，这样或许会对你更有帮助。

003 永远保持好奇心

爸爸希望你能像牛顿一样,为了明白"为什么"而努力寻找答案。

孩子，你知道牛顿的故事吧？他是发现万有引力的科学家。你知道牛顿为什么会发现从来没有人想到的地球引力吗？其实，这是因为他从小就是个好奇的宝宝。

我们在生活中常会遇到一些不了解的事情，这时，有的人认为就算不懂也没有关系，但是有的人却会思考"为什么"，并像牛顿一样努力地寻找答案。其实，我们平常所使用的物品，大多是因为人们有疑问与好奇心才发明出来的。

爸爸希望你对每件事情都能保持好奇心，并在用心观察之后，试着提出疑问；对于书本的内容或是老师所传授的知识，不要只是一味地接受，有时也要试着去寻找问题。

要知道，当你对每件事情都抱着疑问时，就像是为自己安装了无数根天线；当你安装的天线越多，你所接收到的知识电波自然就会越多。

所以，从现在开始，为自己多装一些好奇的天线。也许你能比牛顿更加出色！

004 为人诚实并充满自信

常常与人交谈或讨论，可以使你勇于在大众面前表达自己的想法。

通过交谈或讨论可以让我们有效地表达自己的想法与主张。当你在学习新事物时，不论是通过书本或是老师的教导，多与亲朋好友讨论，可以让新知识吸收得更快。换句话说，多与他人讨论不但可以帮你解惑，也是最佳的学习方式，而且通过交谈还可让你对自己的疑惑，有更清楚的认知。

当我们跟周遭的朋友讨论书本内容或是新闻时，不但能让自己吸收新知识，还可接触到完全不同的观点，又能观察别人说话时的神情，并且从中学习说话的艺术，例如不要不懂装懂或是说些毫无意义的话。

常常与人交谈、讨论，也可训练自己如何在大众面前清楚地表达内心的想法。不过，说话时的语气，千万不能像老师在教导学生。就算对方是自己的朋友也一样，最好事先想好你要用什么方式传达自己的想法，然后再开始进行沟通。避免使用老师教导学生的语气，才是良好的沟通技巧。

从现在开始，爸爸希望你能以既真诚又充满自信的态度与人交谈，并且尽情享受说话的乐趣。不如我们全家人今天好好地聚一聚，讨论一下每个成员可以做哪些让这个家更幸福的事情好了，你觉得呢？

005 成功者的秘诀

有梦想就有希望,现在就把你的梦想告诉我吧!当你需要协助时,尽管告诉爸爸,爸爸一定会帮你的!

爸爸今天突然想到一件事，在爸爸认识的人当中，很少有人能够实现自己小时候的梦想，其中有些人是为了生活而不得不放弃。由此可知，实现梦想并不是件容易的事。

想要实现梦想，就必须不断地努力，一遇到挫折就轻言放弃的人，是永远无法达成梦想的。要知道，成功的人之所以能够成功，就是因为他们从不放弃。

你知道著名的旅美棒球选手陈金锋吧？在他尚未成名之前，总是风雨无阻、日复一日地到球场努力练球，就是因为这种从不间断的毅力，终于让他登上了棒球选手梦寐以求的美国职业棒球大联盟；还有，中国的篮球选手姚明，也是靠着从不放弃和精益求精的态度，成为历史上首位华人NBA新秀状元。

爸爸希望你能像这些人一样尽全力实现梦想，而且既然下定决心实践，不如把目标定得高一点。爸爸想要你知道，当你需要协助时，尽管告诉爸爸，爸爸一定会放手让你去学习，并且提供任何你所需要的东西，当然也欢迎你随时找我商量。只要能够让你实现梦想，爸爸一定会尽全力协助你，因为我相信，只要尽力，梦想就会实现，加油吧！

006 妈妈是你最好的老师

不管你遇到什么困难,妈妈都会亲切地指导你,同时她也会是你最好的老师。

爸爸今天看到你跟妈妈一起做功课，感觉上，妈妈就像真的老师一样，因为她是那么仔细且用心地在教导你。

打你一出生，妈妈一直是你最好的老师，不论你遇到什么困难，她永远会亲切地为你指引方向。

爸爸想告诉你，妈妈可以教你的东西真的很多！所以，只要你有不懂的事情，就尽管问妈妈吧！若是心里有烦恼也可以找妈妈商量，千万不要自己一个人承担；妈妈跟你一样是女生，有些事情和妈妈沟通一定比跟爸爸说来得容易。

对了，你待会儿跟妈妈一起去超市吧！陪妈妈采购物品或是帮妈妈提东西，一定能让你们母女俩的关系更加亲密，而且妈妈看到你这么做，还会有"女儿长大了"的欣慰之情。

Tips

孩子，你的妈妈是这个世界上最值得你信赖的人，她更是你最为贴心的朋友。请你相信，妈妈是能够为你保守秘密的最佳人选。在这个世界上，再也找不到像她那么爱你的人了。

■ 一定要告诉女儿的那些事

007 培养良好的习惯

我们不但要了解自己的好习惯,更要努力地改正坏习惯,这样才可以提高自己的人格素养,别人也会更加欣赏我们。

每个人都有自己的习惯，所谓的习惯，就是指一直重复做某一些事情的行为，或是遇到特定事情时所做出的自然反应。

习惯可以分为自己知道的和自己不知道的，以及好的跟坏的四种。首先，了解自己的习惯是个好现象，因为当你明白自己的坏习惯时，自然懂得如何去改善，最怕的是连你自己都不知道哪些是坏习惯，因为这样将使我们在无意间伤害到他人却不自知。所以，我们一定要了解自己的坏习惯，并且努力地改正它。

那么，什么样的习惯才是好习惯呢？例如，不要沉迷于电脑游戏而耽误了该做的事，做事时态度必须积极而有礼貌，多多关心需要帮助的人，不要在背后说朋友的坏话，不吃危害健康的垃圾食物，上课要认真，考完试后不懂的地方一定要问清楚，懂得尊敬父母和老师，努力从事环保、关爱老人等公益事业，都是很好的习惯。当然，还有许多我没有想到的好习惯。

你一定也有令人骄傲的好习惯，爸爸希望你不要忘记现有的好习惯，同时也要继续保持，让这些习惯成为你人生的基础，并借此提升你的人格素养，相信对你的将来一定会有很大的帮助。

008 学习规划生活

如果你想要超越别人，就要懂得规划自己的生活。

我们为什么需要安排自己的生活呢？因为有详细的计划，你才不会浪费时间。如果你想要超越别人，就必须懂得规划自己的生活。

不过，详尽的计划必须付诸实践才有意义。爸爸知道你会替自己制订假日计划表，但是常常都没有按照计划实行，对吧？这样就不算是一个好的计划了。

相反，即使计划本身不是很完善，可是，如果能够切实执行的话，反而会比空有计划却没有实际行动来得好。

制订计划可以让你的生活过得更有意义，所以，爸爸希望你能够为自己拟定一份计划表，并且切实地执行，进而达成你的目标。

Tips

为了能够有效地利用时间，要先规划出一天的行程，并确实地完成自己所制订的计划。

009 为自己说的话负责

说谎最大的损失,就是失去别人对你的信任。

"**当**你说谎以后，最大的损失就是失去所有人的信任。"

以前的人觉得说出口的话就像是一张保证书，还可用来作为了解他人的指标。但是，现在的人说出口的话却很容易变卦，有些人甚至根本不遵守约定。

亲爱的女儿，爸爸希望你能做一个诚实的人，并且为自己所说的话负责。

爸爸相信你是个很诚恳的人，因为你那努力遵守约定的样子，早已深深地烙印在爸爸的脑海里。

我相信，等你长大以后，这样的态度将会为你的人际关系带来极大的帮助。而且，当你日后面临无法遵守约定的情况时，也一定会以诚恳且负责的态度来克服困难。

Tips

人际关系最重要的，莫过于真诚，而且要出自内心的真诚。真诚是你在未来打开人生大门的一把钥匙，无论何时，这把"钥匙"你都要好好带在身边。

010 赞美是进步的最佳动力

每个人都希望被赞美,而这种欲望也是驱使人进步的最佳动力。

你想被称赞吗？你喜欢被称赞吗？爸爸觉得答案一定是肯定的，对吗？你一定想问爸爸怎么会知道？因为每当爸爸看到你一到周末就会主动早早起床，主动打扫自己的房间，在去补习班之前写完功课时，就知道你一定很希望在做完分内的事情后，获得爸爸和妈妈的称赞，对吧？

虽然你没说出口，但是这些举动却间接证明了你希望被人称赞的欲望，而且这种欲望也会驱使你主动做好分内的事情。

其实，每个人都希望被称赞，当一个人不停地受到这种心理的刺激时，就会促使他努力追求进步。而且一旦被称赞后，不但会因此感到开心，也会为了获得更多的赞美而更加努力。

但是，如果是一个对任何事都漠不关心，而且容易感到不耐烦的人，称赞对他而言却起不了什么作用，就算别人再怎么称赞他，他也会摆出一副事不关己的态度。相反，渴望被称赞的欲望过于强烈，甚至为此不择手段的人也有问题，因为这样的人，很容易因此做出别人无法接受的荒谬行为。

只要不是在不择手段或是有可能伤害到他人的前提下，为了被称赞而不断努力是一个很好的现象，因为在这样的过程中，可以让你更进一步地发挥自己的能力。

011 养成记笔记的习惯

记笔记就是在扩充自己的知识宝库。

每个人的习惯都不相同，有些人拥有良好的习惯，有些人却拥有任谁看了都忍不住摇头的坏习惯。其实，不需要爸爸告诉你，我想，你一定懂得如何分辨习惯的好坏。

我们从小养成的习惯，会对我们的人生产生深远的影响，像爸爸就是最好的例子。爸爸从小就养成记笔记的习惯，不管是在大学念书时或是进入社会后，始终不曾改变。这个习惯不但让爸爸的文笔越来越好，也让爸爸更接近成为作家的梦想，甚至还让爸爸如愿以偿地在杂志社上班，过着梦寐以求的写作生涯。

当我们在观察事物时或是日常生活中，例如走路时或者是睡觉前，不妨将突然掠过脑海的想法用笔写下来，相信对你日后想从事的创意工作，会有很大的帮助。当你在阅读或是聆听别人说话时，也可以试着将你喜欢的佳句抄录下来，这些都将成为你最珍贵的无形资产。而且，养成这个习惯也能让你成为一个信守承诺的人，哪怕只是一个小小的约定，你也会认真看待；当然，还能让你学习对自己的话负责，并且成为一个守信用的人。

许多名人都有记笔记的习惯，有的人甚至会在厨房、洗手间或是卧室准备纸笔，以便随时随地记录自己的想法。难道你不觉得人的记忆力很有限吗？好的想法如果没有马上写下来，说不定转过身后就忘记了，你一定也有过这种经验吧？所以，唯有养成记笔记的习惯，才能避免类似的遗憾发生。要知道，记笔记就像在扩充自己的知识宝库。所以，爸爸希望你能从今天开始，养成记笔记的好习惯。

给学习
待人处事的你

给学习

待人处事的你

012 以单纯的心看世界

亲爱的女儿,以单纯的心看世界吧!就算现在比不上别人,也不要觉得气馁。

当你看这封信的时候,这个复杂的世界依然在快速地运转着,你只要看看周围的人的步调就能明白了。看到人们来去匆匆的模样,爸爸有时候实在忍不住担心我的宝贝女儿将来是否能够适应。

我们为什么要让自己过得这么辛苦呢?为什么不论男女老少,都这么拼命地往目标冲去呢?为什么每个人看起来都像是奋力朝终点跑去的赛跑选手呢?

每当爸爸看到这样的人时,心里就会觉得很烦躁、很紧张。其实,只要稍微放慢我们的步调、放松我们的心情,这个世界就会变得更加美丽。

我的宝贝女儿呀!爸爸希望你能用单纯的心看待这个世界,就算你的步调跟不上别人,也不要觉得气馁。

爸爸不希望你为了求第一而拼命地往前冲;相反,爸爸希望你在前往终点的过程中,能够多看看四周的美丽景色,并且多站在别人的立场着想,还要多关心身边的朋友。

013 学习控制脾气

人类如果不知道如何控制自己的情绪,又怎么有资格称自己是"万物之灵"呢?

今天，爸爸看到你跟最要好的朋友吵架了，那时，我心里就在想，为什么我的女儿会那么生气呢？甚至为此感到有点担心。

每个人都会生气，因为"生气"是每种动物都会有的情绪之一。但是人类如果不知道如何控制自己的情绪，又怎么有资格称自己是"万物之灵"呢？所以，情绪人人都有，就看你是否能够控制它。

其实，每个人都会发脾气，不过，这种情绪不能发泄在别人身上，也不可以闷在心里。所以，爸爸建议你，每当你感到愤怒时，必须先找出使你生气的原因，然后，再像哄小孩般地安抚及控制自己的情绪。

虽然我们不应该把脾气发泄在别人身上，但是也不可以将它闷在心里，因为一味地忍耐并不是控制情绪的好方法，反而会让自己累积一肚子的怒气。控制情绪的最佳方法，就是先找出使我们生气的原因，然后再寻求解决之道。

你也要学习控制自己的脾气。当你懂得控制自己的情绪后，就会发现围绕在你周遭的事物变得更加美丽了，而且你的身心也会感到特别平静。

014 懂得展现长处

一个人的能力再好,如果没办法表现出来,别人又怎么懂得欣赏呢?

假设现在有两栋建筑物，一栋是虽有百年历史，但外观跟屋内的摆设都不漂亮的房子，另一栋是既坚固又美观的房子，如果是你，你比较喜欢哪一栋呢？爸爸猜想，你一定会选后面那一栋吧？

人也是一样的。一个功课虽称不上顶尖，但总是笑口常开、风趣幽默的人，和一个成绩名列前茅，却生性木讷且总是面无表情的人，你比较想跟谁做朋友呢？

我想，你一定会选择风趣幽默的那一个。因为这个人知道如何表达自己最真实的一面。相反，生性木讷的那位朋友，成绩虽然很好，但是却不知道如何表达自己。

一个人的能力再好，如果没办法表现出来，别人又怎么懂得欣赏呢？所以，想要展现自己的能力，首要条件就是先给别人留下良好的印象，例如仪态端庄、对人恭敬有礼、不讲脏话，还有聆听他人说话时要面带微笑……爸爸希望你能注意并且记得这些要点。

015 礼貌是成功的第一步

虽然打招呼这种小事看似微不足道,但是却有可能成为你日后成功的关键。

人与人第一次见面就是从打招呼开始，就算遇到时常见面的人，只要主动和对方打招呼，就会使对方感到备受尊重，而且很期待再见到你；如果有人每次见到你，都开心地主动向你打招呼，相信你一定也很高兴才对。

你知道吗？其实大人们也是一样的。有礼貌的小孩跟没礼貌的小孩，你觉得大人比较喜欢哪一个呢？这种事用不着爸爸告诉你吧！

可是，我觉得现在的小孩好像不太会主动跟长辈打招呼。我想，可能是他的父母没有教他。我们也可以从打招呼这个细微的小动作了解对方的为人、家境以及他的父母是什么样的人。也就是说，如果你不懂得主动跟长辈打招呼的话，爸爸和妈妈可能会被人责怪。而且，爸爸也可以由此预见你踏入社会后会遇到一些什么困境，因为这个社会只欣赏有礼貌的人，至于那些没礼貌的人，是没办法获得好评价的。

不过，打招呼可不是简单地说句"你好"就行了。最重要的是要让对方感受到你的诚意，我相信，只要秉持诚意向人打招呼，对方一定会觉得非常开心。

因此，爸爸希望你能够发自内心地主动跟人打招呼。虽然打招呼这种小事看似微不足道，但是却有可能成为你日后成功的关键。要知道，成功并不是遥不可及的事情。不过，一个人若想成功，就必须从这种小事开始做起。

016 正确的礼仪观念

在这个社会上,不论男女老少都必须遵守礼仪,礼仪就好像是我们的精神食粮。

曾经有人说"礼仪是彼此让步、互相尊重的行为"，不知道你觉得有礼貌的人应该是什么样的人呢？

　　其实，我们可以从一个人的仪态举止，判断这个人有没有礼貌。此外，一个人的穿着也很重要，我们无须穿着太过昂贵的衣服，只要选择适合自己年龄及身份的服装。发型也是仪容的一部分，我们除了必须注意自己的发型是否需要修整外，还要保持头发的清洁。在面对他人时，也时常保持笑容，给人留下良好的印象也是礼貌的一种。

　　说到礼仪，常常使我们联想到与长辈之间的相处。不过，并不是要你在面对长辈时，行为举止都必须死板，只要发自内心、恭敬地向长辈打招呼就可以了。那么，面对同龄的朋友时，又该如何表现礼仪呢？就像爸爸说的"就算关系再亲密，有些礼仪还是必须遵守"。我们对待朋友要有礼貌、说话时要注意自己的表情跟语气、不要伤到对方的自尊，同时也要避免太过骄傲，这些都是应该注意的地方。

　　相反，我们又该如何对待年纪比自己小的人呢？或许你会问我："他的年纪比我小，为什么还是必须讲究礼貌呢？"爸爸认为，即使是跟年纪比自己小的人相处，也应该像对长辈或是同龄的朋友一样尊重，交谈时更不可以因为对方年纪较小而较为随便或恣意放纵。遵守礼仪是不分年龄大小的，爸爸希望你能将这些方法铭记在心。

017 拒绝的艺术

如果不愿意,不如一开始就拒绝,这样以后才不会觉得尴尬。

有时，我们的社会并不认为诚实是一种美德，就像我们不可以觉得邻居阿姨戴帽子很好笑，就老实地跟她说她看起来很好笑一样，因为这样并不代表就是诚实的表现。

在某些特殊的情况下，我们不能表达自己真实的想法，而必须选择最不伤人的表达方式。不过，也有许多人这么做是因为觉得隐瞒自己内心真正的想法，比较不会招惹麻烦。

可是，爸爸并不是要你在任何情况下，都选择以善意的谎言面对。如果你时常说善意的谎言，等时间久了以后，很容易因此扭曲你原本对事情的看法，或是使你愈陷愈深，甚至产生"说谎并没有错"的错觉。最后，很有可能因此丧失判断是非的能力。

假设有一位不是很熟的朋友邀请你参加他的生日派对，可是你并不想去，却又怕直接拒绝会惹他生气，所以只好含糊其词而不敢明确表示自己要不要去。但是，在生日派对的前几天，你才找借口跟他说没办法参加，你觉得他会有什么反应呢？他一定会认为你打一开始就不想来，反而更加地生气。

如果你当下就明确地跟他说："谢谢你的邀请，很可惜我这个周末有事，恐怕没办法参加"，我想这样他就不会生气了，你也不会使自己陷入为难的窘境中。

假如一开始就直接拒绝，以后不是不会尴尬吗？爸爸能够了解当你面临说实话可能会吃亏的情形下，只好选择说谎的苦衷。但是，爸爸还是希望你懂得判断何时才需要说"善意的谎言"，而不是让自己成为一个习惯撒谎的人！

Tips
真正的朋友并不会因为你的拒绝而离你远去。

018 珍惜会批评你的朋友

真正的好朋友，除了会跟你一起玩耍和互相学习对方的优点外，还会在你犯错的时候指正你，甚至帮你改正自己的缺点。

爸爸知道你有很多朋友，例如：你邀请来家里玩的朋友、放学后一起回家的朋友和同一个补习班的朋友等，这样看来，你的朋友真的好多。当然，我相信你一定还有很多朋友是爸爸没见过的，对吗？不过，你听过"什么样的人交什么样的朋友"这句话吗？

这句话的意思是说，只要看你的朋友就能知道你喜欢和什么样的人交往，并可由此了解你是个什么样的人。也就是说，朋友其实是反射自己的一面镜子。

那么，什么样的人才算是好朋友呢？别以为能和你一起玩耍的人就是好朋友。真正的好朋友除了能够一起玩耍，互相学习对方的优点，还会在你犯错的时候指正你，甚至帮你改正自己的缺点。

至于那种看到朋友犯错却假装没看到的人，最好不要跟他做朋友，因为哪天当他犯错时，一定也会要你假装没看到，这样岂不是两个人一起学坏了吗？

但是，如果你不想跟某个人做朋友也不要嫌弃他，因为当你嫌弃他时，他自然就会讨厌你，接着，他周遭的朋友也会跟着不喜欢你，如此一来，你便会在无形中树立了许多敌人，这么做可是对你没有一点好处。所以，就算我们不喜欢某个人，也不需要刻意讨厌他。其实，交朋友并没有想象中那么困难，只要懂得多多关怀和欣赏他人就可以了。

019 犯错时不找借口

爸爸希望你能成为一个勇于认错的人,并且拥有说真话的勇气。

这个世界上，没有一个人是完美无缺的，每个人都有可能犯错，最重要的是要告诫自己绝对不要重蹈覆辙，这才是做人应有的态度。不同的人在犯错后会有不同的反应，有的人因为不肯承认错误而拼命地找借口；有的人则会为了掩饰自己的过失而犯下更大的错误；但是，有的人却能够勇于认错，并且想办法弥补。

前一阵子，爸爸在公事上犯了一个严重的错误，由于爸爸必须同时处理很多事情，竟然不小心遗忘了一件重要的工作，还因此波及一些不相干的同事。当爸爸发现这件事情的严重性时，便决定老老实实地告诉同事，并且在道歉之后将事情做了最完善的处理。

假如爸爸当时撒谎，辩称自己并不知道这件事情，你猜结果会变成怎么样呢？所有的同事一定会因为不知道是谁犯的错而开始互相怀疑，或是把责任推给对方，对吧？你觉得爸爸之所以主动认错，难道是因为在那种情况下没有办法推卸责任，只好像笨蛋一样先认错吗？还是，你认为爸爸应该一句话也别说，假装什么都不知道呢？我想，聪明的你，一定知道这么做是不对的。

结果，这件事并没有导致爸爸的同事互相怀疑，或是因此忍受他人猜忌的眼光，原因就在于爸爸勇于主动认错，并且诚恳地向大家道歉。虽然承认错误的确需要很大的勇气，但一个只会找借口的人是绝对没有这样的勇气的。所以，<u>爸爸希望你也能勇于承认自己的错误</u>，这样大家才会肯定你是个诚实的人，也会因为信任而放心把事情交给你。

020 不要在背后批评朋友

在朋友背后说他的缺点,或许可以让你暂时成为众人的焦点,但是却会使你因此失去朋友。

这个世界上有形形色色的人，有的人聪明，有的人愚笨；有的人仪态端庄，有的人邋遢不堪，你平常是如何待人处事的呢？应该不会因为觉得这个人的智商比较低，就把他当成笨蛋看待吧？如果

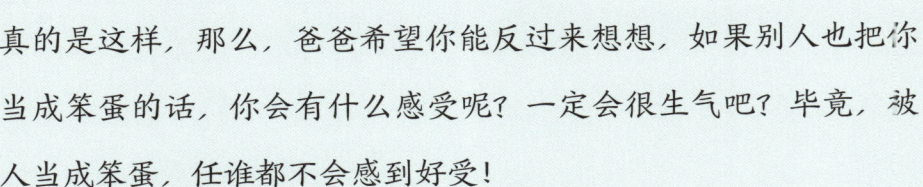

真的是这样，那么，爸爸希望你能反过来想想，如果别人也把你当成笨蛋的话，你会有什么感受呢？一定会很生气吧？毕竟，被人当成笨蛋，任谁都不会感到好受！

尤其是朋友之间，千万不要为了引起他人的注意，而把朋友的缺点或糗事全说出来，这个举动或许能暂时让你成为众人的焦点，但是却也会因此让你失去朋友。所以，我们讲话时必须谨慎小心，态度诚恳，这样周遭的朋友才会觉得你是一个很不错的人，当你日后遇到困难时，他们就会主动地帮助你。

大部分的人都喜欢依照自己的想法行事，并且觉得别人的想法应该和自己一样，不过，爸爸却认为这种想法，就像是要求别人的身高、体重都必须和自己相同般地困难，你说是吗？

在你认为自己很优秀以前，试着用谦虚的态度来对待朋友。因为这样会让你的朋友觉得你很好相处，甚至认为你比他们还要成熟。

021 培养良好的适应力

所谓的"适应力",就是能让你在任何地方、任何时间,随着不同的环境而调适自己的能力。

你知道吗？ 人类拥有一项名为"适应力"的厉害绝招。所谓的"适应力"，就是能让你在任何地方、任何时间，随着不同的环境调适自己的能力。随着社会的进步与科学的日新月异，许多事情正在快速地改变，因此，我们必须提升自己的适应力，才能跟得上社会的快速变迁。

在你爷爷和奶奶的年代，既没有飞机也没有收音机，就连汽车也刚发明没多久。至于太空探险、彩色电视、激光和电脑等，都是爸爸这个年代的发明。所以，你们这个时代到底会出现什么样的新发明，已是任何人都无法预知的了。

唯一可以确定的就是事物的发展肯定会非常快速，如果依照现在的速度继续发展下去的话，以往只能凭空想象的事物，在不久的将来都会陆续实现。老实说，爸爸还真期待未来的世界呢！

所以，爸爸希望你不要只懂得回味以前的生活，要试着将眼光放远，让自己具备能够接受任何变化的适应力，并且敞开心门、努力充实人生的智慧。当然，我更期待你能勇于挑战"不可能的任务"，不断地超越自我。因为拒绝接受新事物与新想法的人，注定只能有个平凡的人生。

我们很难预测20年后的地球会变成什么样子，所以，为了应对未来可能发生的变化，你必须让自己充满自信、不断地成长，并且具备足够的适应力。毕竟，一个充满自信的人，是不会害怕接受新事物的，也只有这样，才能勇于接受挑战。

022 学会爱自己

爱就像会传染一样,唯有真正爱自己的人,才懂得如何去爱别人。

女儿呀！爸爸最近常常看到你对着镜子用心地打扮自己，没想到你打扮起来竟是如此的自然，爸爸每次看到你，都会有种"我的女儿真的长大了"的感觉，甚至为此感到既欣慰又骄傲。

　　由于镜子可以将我们的模样真实地呈现出来，而且镜子绝对不会说谎，所以，在这个世界上，再也没有比镜子更能呈现自己真实模样的东西了。待人就像是通过镜子观察自己的动作一样，当你发现他人正面临困难时，必须感同身受并且主动伸出援手。这就好比当你对着镜子吐舌头时，镜中的你也会对你吐舌头；当你用手指着镜子时，镜中的你也会用手指着你一样。

　　而且，爱也是一样。如果我们不爱自己，又怎么懂得去爱别人呢？当你讨厌自己，甚至虐待自己时，这种感受便会直接传达给身边的人；当你心情不好、哭丧着脸时，周遭的人也会被你传染而跟你拥有相同的感觉。就算你每天强调自己多么爱朋友，但是当你用这种表情面对朋友时，朋友又怎么觉得你是爱他们的呢？

　　因此，我们一定要先学会爱自己，因为爱就像会传染一样，唯有真正爱自己的人，才懂得如何去爱别人。

　　对爸爸而言，你就好比是世界上独一无二、价值非凡的雕刻品，每当看到你深受朋友欢迎，爸妈就为你感到很骄傲。记住，如果想让自己深受朋友喜爱，就必须先多爱自己一点，并且以宽容的心对待朋友，这么一来，相信你一定可以拥有最美丽的人生。

给希望
男女平等的你

给希望
男女平等的你

023 请主动付出爱心

当你不认为对别人付出爱心是在浪费时间时,自己一定也会有好事发生。

爱就是用温柔的眼神看着对方，并且时时付出关怀；而且爱是没有条件的，无论什么事情，只要无条件地付出爱心，相信总有一天会得到对方的相同回报。当你不认为对别人付出爱心是在浪费时间时，自己一定也会有好事发生。

　　你还记得在我们家附近的客运站，总是有个拿着空罐趴在地上乞讨的残疾人吗？从现在开始，就算你只有一块钱也可以捐给他，因为当我们看到别人需要帮忙时，就应该主动提供协助而非坐视不管。

　　这就像送礼物给别人的道理一样，就算礼物再怎么贵重，如果你没有心意的话，收到礼物的人也不会感到高兴。相反，就算只是一个小礼物，如果你很有心意的话，相信对方也会将它视为贵重的宝物。

　　还记得爷爷常说的一句话吗？"真心为他人付出，将会获得十倍的回报。"这句话其实是很有道理的。因为，这可是爷爷累积了几十年的人生经验呢！毕竟，像爷爷这样打心底受人尊敬的人并不多见，而且这也是用再多的金钱都无法换取的无价之宝！虽然要做到并不容易，但是爸爸还是希望你能努力地像爷爷一样拥有散播爱心的伟大胸怀，不能只关心对你有帮助的人。

024 男女一样优秀

男生和女生要努力地了解对方、接受彼此。当你们可以分享彼此的希望、梦想、恐惧和优缺点时,谁比较优秀就不再是问题了。

男生和女生至今仍为了谁比较优秀这个问题争论不休，不过，爸爸希望你能明白，其实男女各有所长。虽然男生的力气比女生大，但是若是论耐力的话，却是女生比较占上风。虽然男生可以在10秒内跑完100公尺，可是他们却比女生还要怕冷。

以前曾有过一段由女性统治世界的时代，在那个时代里，负责孕育生命的女性原本是备受崇拜的，可是，当男性提出了更优秀的主张后，女性的地位便渐渐被男性所取代了。

但是，"女生比男生差"这个想法却是毫无根据的，因为女生在某些方面的表现向来比男生出色，例如危机处理能力、诚实和刻苦耐劳等特质，而且女生比男生更懂得体谅他人。

男生和女生要努力地了解对方、接受彼此。当你们可以分享彼此的希望、梦想、恐惧和优缺点时，谁比较优秀就不再是问题了。因为，当男女之间能够互相欣赏彼此的能力，并且包容对方的缺点时，原先的嫉妒心理便会自然消失，进而维持平等的关系。

025 别让困境吓倒自己

生命中总会发生许多大事与危机,但是危机总有一天会消失。

记得不久之前，有一天，爸爸下班回家时，看见你整个人蜷缩在沙发上，当时我很担心你是不是哪里不舒服，后来才知道是因为你第二天要考试，感到压力太大才会这样。

不过，在爸爸陪你念了几小时的书以后，你却说你觉得念书很轻松。

那时，爸爸认为你早已理解大部分的课本内容了，撇除你已经学会的部分不谈，其实你真正需要准备的内容并不多。只要明白这一点，自然就会觉得念书很轻松。就像有些你认为"绝对不可能完成的事"一样，只要愿意去尝试，你将会发现，事情并没有想象中那么困难。

人的一生中难免会遇到许多困境，例如求学、踏入社会以及成为父母养育下一代等。但是，只要你有坚强的意志力，这些困境就没有什么好害怕的。如果一心只想逃避，或是做任何事情都缺乏信心的话，就算是再简单的问题你也无法处理，甚至从此一蹶不振。

生命中总会发生许多大事与危机，但是危机总有一天会消失。所以，千万不要认为自己是女生就做不到，爸爸期望你能慢慢培养面对危机时的坚强意志力。

026 坦率地
与异性相处

学习如何以坦率的态度与男孩子相处,这样男孩子也会真心喜欢你。

男生和女生是不同的，不论是想要的东西、喜欢的对象，或是可以做的事情等，都有着许多差异。可是，不要因为这样就误以为两性之间无法相处，也不要因为感觉到彼此的不同，就排斥和男生接触。

男生和女生最大的差异就在于男生从小就开始学习如何让自己拥有成功的人生，而且男生普遍认为，一个成功的人生，必须同时拥有财富与名誉，否则就不算成功。

此外，男生们从小就被灌输"绝对不可以轻易表达内心感受"的观念，因此，大人们常会这样告诫男生："堂堂男子汉，这点儿小事怎么可以觉得辛苦呢？就算再痛苦也得忍耐！"然而，在这样的教育下，使得男生从不轻易表现自己柔弱的一面。

爸爸猜想，看到这里的你一定会问："那到底该如何跟男孩子相处呢？"其实，只要仔细聆听他们说话，并且给予适当的回应，让他们知道男孩子也是有情感的平凡人，当然可以表现出感性或柔弱的一面。只要学着像这样和男孩子相处，他们自然就会慢慢地喜欢上你。

一定要告诉女儿的那些事

027 给初次面对月经的你

月经的来临,代表你已从女孩转变为成熟的女人,而且也意味着你已经能够孕育新生命。

听妈妈说，你刚刚经历了成为大人的第一个关卡。当爸爸听到这个消息时，真的很高兴，没想到，平常总是像个小女孩的你，居然已经有月经了。爸爸为健康长大的你感到十分高兴，内心更是充满了感激。

　　不过，听说你被突如其来的月经给吓哭了，还好有妈妈在一旁说明原因与处理方式，所以你很快就镇定了下来。

　　其实，月经的来临，代表你已从女孩转变为成熟的女人，而且也意味着你已经能够孕育新生命了。所以，千万不要觉得害怕，这可是一件值得庆祝的事。人类就是因为不断地孕育新生命，才能在地球上生生不息、不断发展。月经的到来，就代表着你已经具有执行这项伟大任务的资格了。现在，你应该知道自己的身体有多么重要了吧？

　　从今天开始，你将对两性之间的差异抱持更多的疑问，爸爸希望你能记得，当你心里存有疑问时，不要自己闷着头去寻找答案，不妨多请教爸爸和妈妈，千万不要觉得不好意思，也不要偷偷放在心里。唯有拥有正确的观念，才不至于让自己犯错。

　　最后，爸爸要在这里再次祝贺你健康长大，成为一个成熟的女孩子！

028 与异性交往的正确态度

当你心中感到一丝怀疑时,就应该让自己立刻远离。

爸爸问你，如果有一位男同学想和你成为好友的话，你觉得他必须具备哪些条件呢？此外，你觉得和男同学交往的条件，会和跟女同学交往时一样吗？爸爸希望你不要以相同的标准来衡量你跟男同学之间的关系，即使你觉得这样交朋友比较简单、容易。

爸爸知道，在你这个年纪，想要你了解并且区分男女交友的条件，其实是有些困难的，因为现在的你，正处于对男生充满好奇的阶段。

不过，爸爸希望你除了懂得分辨善与恶、聪明与愚昧外，也要相信自己的第六感。"当你心中感到一丝怀疑时，就应该让自己立刻远离"，也就是说，当你觉得"他好像有一点不对劲"时，就应该立刻和这个人保持距离，即使不清楚对方究竟是哪里不对劲也无所谓。

记住，一定要相信自己的感觉，因为人的第六感不但非常准确，而且还可以用来保护自己。此外，在以乐观开朗的态度和人相处时，也要学习观察他人，更要懂得珍惜自己。

不论是男同学或女同学，都应该从他们的言行举止来判断是否要和对方成为朋友。还有，跟男同学相处的时候，要专心地聆听对方说话，同时也要仔细地观察对方，并且以正确的态度来面对异性。

029 "一定要幸福"的义务

如果你常常期望自己能够幸福,这种想法就会在不知不觉中变成一种信念。

"我哪有这种好运气呀！"在日常生活中，我们常常会以这句话来让自己放弃快乐的机会。我想，这大概是因为在我们成长的过程中，常会听见别人对我们说"你为什么这么差呢"或是"你做错了"之类的话，这些话就像是我们对自己说"我做不到"或"我怎么可能会成功呢"一样地令人感到挫折，甚至使我们在不知不觉中，拒绝接受让自己幸福的机会。因此，爸爸想告诉你如何才能远离挫折。

首先，你必须仔细地观察自己。先问自己活得开不开心，生活中有没有什么压力，还是只是自己在钻牛角尖罢了，或是自己给自己压力等。先找出让你觉得不幸福的原因，再思考自己为什么会一直遇到这种事情。

其次，要不断地告诉自己"我一定要幸福""我是天底下最幸福的人"，如果你常常期望自己能够幸福，这种想法就会在不知不觉中变成一种信念。有了这种信念，不但会让你觉得自己是幸福的，还会使你在遇到悲惨或哀伤的事情时，将它想成是快乐而幸福的，即使面临失败时，也会觉得那只是个小小的挫折，这样一来，才能进而拥有积极乐观的人生观。

假如你在面对事情时，一开始就抱着否定的想法，或是觉得自己无法做到，最好的办法就是找人商量，所以，爸爸随时欢迎你来找我讨论。毕竟，幸福的人生一定要靠自己争取，让我们一起努力吧！

030 睡眠要充足

如果想让疲惫的头脑恢复清醒,最好的方法就是睡觉。

你最近看起来似乎很疲惫,爸爸看了实在好心疼。你知道"疲惫"是什么意思吗?"疲惫"就是指身体或头脑已经累到无法再做或再思考任何事情的意思。举例来说,当我们搬东西时,刚开始并不觉得重,但是过了一段时间后,会觉得没力气继续搬了,这就是我们的身体感到疲惫时所反映出来的征兆。同样地,当我们用脑过度时,身体也会觉得疲惫,这就表示我们需要休息了。

休息的方法有很多种,其中最好的方法就是睡觉。医学证明,当我们用脑过度时,睡觉是改善疲惫的最佳方法。当我们睡觉时,身体会处于休息的状态;等我们一觉醒来,身体就能自动补充好体力了。因此,一旦我们缺乏睡眠时,便无法补足身体所需的能量,第二天自然也就无法完全发挥能力。

像你这个年龄的小孩,一天必须睡满8个小时才足够,千万不要为了看电视或是玩游戏而熬夜,这样不但会导致睡眠不足与身体疲倦,隔天上课时也不容易集中精神,所以,爸爸希望你每天都能准时上床睡觉。其实,睡眠的时间并不需要太长,拥有良好的睡眠质量才是最重要的。所以,在你睡觉之前,记得要尽量放松心情。

总而言之,维持健康、消除疲劳的最佳方法就是睡觉。我想,你应该已经清楚了,不妨就从今天开始尝试看看。不过,可别睡过头了哦!

031 为了健康 请远离速食

常吃垃圾食物会导致营养不均衡,而使肌肉和骨头无法健康地成长,甚至还会导致发胖呢!

你现在正值发育期，看着你一天天地成长，爸爸就感到好骄傲。不过，有件事情却让爸爸忍不住担心，那就是你跟许多小孩一样，都喜欢吃垃圾食物，喜欢吃速食。

爸爸知道这类食物非常方便，而且味道也很美，但是这些食物通常含有很多对人体有害的防腐剂、色素以及人工调味料。此外，脂肪和碳水化合物的含量也很高。像你这种正值发育期的小孩，若是常吃垃圾食物的话，很容易导致营养不均衡，而使肌肉与骨头无法健康地成长，甚至还会导致发胖。你一定不希望自己变成小胖妹吧？

想要维持健康与营养均衡，就要多吃营养丰富的食物，并且拒绝毫无营养价值的垃圾食物。所以，爸爸希望你每天都食用米饭、肉类和蔬菜类食物，至于含有脂肪的食物，只须达到必需摄取量即可，千万不要暴饮暴食！

032 健康比身材更重要

体重多少并不重要,重要的是身体健不健康。

"我太胖了，我得减肥才行！"记得你上次照镜子时说这样的话，老实说，爸爸当时真的被你的话给吓到了，因为爸爸觉得你现在的身高跟体重完全符合你的年龄，没想到你竟然执意要减肥。

我想，你一定认为身材苗条才算漂亮吧！其实，这种观念并不正确。

体重多少并不重要，重要的是身体健不健康。你不需要像明星一样，为了工作需要而必须拥有苗条的身材。只要你喜欢并且满意自己的身材，就不会成天想要节食和减肥了。

但是，如果你觉得你已经胖到会给自己带来压力的话，就应该主动找人帮忙，千万不要放弃自己，一定要主动寻求协助。

Tips

孩子，一定不要因为外界的评判而盲目地减肥，健康与身材之间，健康永远是最重要的。

033 两性平等不是梦

为什么这个社会存在着男女不平等的现象呢？这是因为自古以来，男性自认为自己的地位比女性高，而这种优越感便促成了这样的社会偏见。

你一定有过这种想法吧？男女之间究竟有什么不同呢？其实，男女之间的关系原本应该是平等的，但是却有人认为男女本来就不同，甚至还有人觉得女人是来自遥远国度的人种，而这些想法便造成社会普遍存在着男女不平等的现象。

　　你觉得爸爸和妈妈之间的关系怎么样呢？我想，你一定会说："都一样啊！"既然爸爸跟妈妈在家里的地位是平等的，那么，这个社会为什么会有男女不平等的现象呢？其实，这是因为自古以来，男性总是自认为地位比女性高，而这种优越感便促成了这样的社会偏见。

　　就拿每年的三大节日来说吧！每到这个时候，妈妈们都得忙着做菜，但是大部分的爸爸却以自己帮不上忙为借口，而在一旁纳凉或是无所事事，对吧？想想看，当妈妈们忙着做菜时，如果爸爸们主动帮忙，那种感觉一定很棒！只可惜，爸爸们总会以"男人该做的事跟女人是不一样的"为由，说句"我不要"或是"我又不会做"后就走开了。

　　由于一般大众对性别差异都有着刻板印象，认为男性象征"力量、知识、文化"；而女性则象征"顺从、感性和生命的孕育"。所以，当某些女性在工作上表现得很积极时，就会被男性批评不像女人。因此，爸爸想告诉你，男人和女人一样完美，虽然彼此间有很大的差异。

　　爸爸会努力让歧视女性的言辞消失，为了我的女儿，也为了全天下的女性，爸爸会尽全力让这个社会达到"两性平等"。你要不要给爸爸一点掌声，鼓励一下爸爸呢？

给拥有
充实人生的你

给拥有
充实人生的你

034 把握短暂的空闲时刻

时间就像流水一样一去不复回,就算一小时或一分钟,我们也不可以浪费,因为只要将这些短暂或琐碎的时间累积起来,就是一段很长的时间。

"时间就是金钱"这句话说起来容易，但是真正懂得运用时间的人却是少之又少。尤其是小孩子，更容易因为不了解时间的重要性，而轻易浪费了宝贵的光阴。但是对爸爸这个年纪的人来说，时间就像流水一样一去不复回，所以，就算一小时或一分钟也不可以浪费，因为只要将这些短暂或琐碎的时间累积起来，就是一段很长的时间。

那么，怎样才是懂得利用时间的人呢？举例来说，从你放学到去补习班之前，中间有30分钟的缓冲时间，你怎么利用这段时间呢？我猜，你可能会看电视或是打电脑游戏，对吧？

但是如果是我的话，我会利用这段时间看一会儿书，不一定非得是跟课业有关的书，就算是漫画也可以——因为好的漫画书可以让你的身心充分放松，也可以学到很多知识，当然，并不是要你非得看书不可，毕竟玩耍也是很重要的。

总之，爸爸希望你一分一秒都不要浪费，你知道吗？爸爸有位很会利用时间的朋友，他连上洗手间的时候，都会抓紧时间看书，甚至已经利用这些短暂的时间看完了好几本书。虽然这位叔叔看的都是一些漫画或是休闲类的书籍，但是至少他懂得将别人常常会浪费掉的时间拿来看书，你不觉得他就是一个很会利用时间的人吗？

035 玩乐并不是坏事

如果你知道自己喜欢干什么，就放手去做吧！因为不知道自己喜欢什么的人，不管做什么都不会觉得开心。

还记得爸爸曾说过玩乐也很重要吧？但是这个说法有一个先决条件，那就是你必须了解自己到底在玩些什么。如果你不明白玩乐的真正意义，就无法从玩乐的过程中获得真正的快乐，这么一来，便等于是在浪费时间。

爸爸希望你能玩得很快乐，但是若想了解玩乐能带给你什么样的快乐，其实并不容易。爸爸小的时候，也是满脑子只想着玩，可是后来却觉得未经思考的玩乐根本是在浪费时间，所以，便开始接触对自己有益处的游戏。

"玩乐"的原意是好的，不过，必须懂得选择自己喜欢的游戏，一味地跟着别人玩或模仿别人并不正确。

什么事情会让你觉得快乐呢？如果你知道自己喜欢什么，就尽管放手去做。因为不知道自己喜欢什么的人，不管做什么都不会觉得开心。

036 多去郊外走走吧

自然界里的万物不会互相怨恨、彼此忌妒,更不会索要无度。

爸爸小时候非常喜欢郊游，我最喜欢带着便当去爬山，然后和朋友玩寻宝游戏，有时甚至还会有种错觉，觉得自己就像是森林里的动物呢！每回到户外散步，欣赏美丽的花草树木、宽广的晴空和澄澈的湖泊后，都会让我的心情变得格外地舒畅。

由于大自然里的万物并不会互相怨恨、彼此妒忌，更不会索要无度，每当大自然依照季节换上不同的面貌时，万物也会依照季节的不同，学习不同的生活方式。所以，人们才会说大自然是我们最伟大的老师，也是我们的好朋友，常常接触大自然的孩子，不但情绪比较稳定，也比较懂得表现自己。

我们要不要利用这个周末假期去爬爬山呢？不要一直待在家里看电视、玩电脑游戏，不妨偶尔爬爬山、欣赏大自然或晒晒太阳吧！相信一定会让你有种完全放松的感觉的。

037 学习正确的金钱观

正确使用金钱的观念必须从小开始养成,这样长大以后才懂得如何理财。

你听过"视钱财如粪土"吗？这句话的意思是要我们不要太重视金钱或物质等身外之物，也不要有金钱万能的观念。不过，金钱在我们的日常生活中，仍然占有非常重要的地位，因为没有钱就无法维生，也不能买东西。所以，人们还是必须拥有足够的金钱来应付生活所需。

可是，我们应该如何使用金钱呢？只要是自己的钱就可以随便花吗？当然不是！花钱可是有方法的哦！比较恰当的说法应该是"正确使用金钱的方法"。正确的金钱观必须从小开始养成，这样长大以后才懂得如何理财。那么，怎样才是正确地使用金钱呢？举例来说，爸爸认为，只要和念书或是娱乐有关的钱都不应该省。

聪明的人懂得从小开始学习如何使用金钱，绝不把钱花在对自己毫无益处的地方，而且该花钱的时候绝对不会心疼，还会尽情享受花钱的乐趣。可是，愚笨的人却不知道如何判断花钱的时机，常让自己活在懊悔之中。人若是不懂得自我节制，就算再怎么有钱，最后也会变得一毛不剩。也就是说，若是懂得把钱花在自己需要的事物上，不但可以满足自己的需求，还可以从中获得更多的东西。

学习正确使用金钱的最好方法就是养成记账的习惯：只要将自己所花费的每一块钱都详细地记录下来，自然可以了解自己花钱的情况了。

还有，花钱的时候要多为他人着想，你问我花自己的钱跟别人有什么关系啊？有！因为爸爸希望你在花钱的同时，也能多帮助别人。

例如，100元对我们来说是个很小的数目，但是对贫穷人家的小婴儿来说，却足够买一星期的奶粉。

虽然对你而言，这只是为数不多的金额，但是对某些人来说可能是笔很大的数目。将钱花在比我们更需要帮助的人身上，也是很不错的用法。当然，我们不能只在有闲钱的时候才帮助他人，平时就应该懂得如何节省与使用金钱，这才是正确的金钱观。

Tips
钱并不能带来幸福，没钱也并非不快乐。

038 通过历史来了解世界

人类的历史巨轮从来不曾停止转动,所以,你人生中的每一刻都是历史的一部分。

每一个人种都有自己的祖先，人们会利用祖先流传下来的有形和无形资产生活，然后随着时间的流逝，再传给自己的下一代。像这种随着时间流逝而传承下来的生活痕迹就是历史，由于人类的历史巨轮从来不曾停止转动，所以，你人生中的每一刻都是历史的一部分。

平常你了解历史的方法，应该都是通过书本吧？因为我们无法搭乘时光机回到过去，所以只能通过书籍来了解过去的历史。

历史书籍通常会叙述事情的前因后果，不过，不要认为历史书上所写的内容就一定完全正确，也不要全盘接受书里记载的内容。记住，在研读历史的时候，不要忽略了当时的情况。而且，撰写历史的人，多少会加入自己主观的看法，所以，历史有时会跟事实有些出入。

因此，想要学历史，就必须先了解当时的政治、社会及文化背景，并且养成以自己的观点加以分析、研究的习惯。和只是单纯、呆板地读书相比，养成这样的习惯可以让你了解如何研读历史书籍，并且从中获得无穷的乐趣。

039 学习英文以拓展视野

世界是一个共同体,每个国家所发生的事情都会影响邻近的国家,因此,国与国之间需要共同的语言,这个语言就是英文。

世界是一个共同体，每个国家所发生的事情都会影响邻近的国家，因此，国与国之间需要共同的语言，这个语言就是英文。

英文是美国与英国的共同语言。但是，我们所说的英文通常指的是美国人的美式英语。你知道，各国为什么要以英文作为共同的语言吗？这是因为美国拥有强大的国力，并以其丰富的资源领导全世界的政治、经济、文化，使得世界各主要国家纷纷向美国靠拢，因此，以强国的语言作为共同语言是很自然的事情。如果我们国家的实力像美国一样强大的话，中文便有可能取代英文成为世界的共同语言。

像你这个年纪的小孩，掌管语言的脑部活动正处于活跃时期，学习外国语言自然比较容易，也就是说，学习英文的年龄愈小愈好，因为等到小学毕业、升上中学以后，掌管语言的脑部活动就会稍稍减缓，学习语言的能力也会跟着变差，而这也是爸爸一直让你提前学习英文的理由。

你现在应该了解我们为什么要学英文，以及现在的你正值学习语言的最佳时机了吧？

040 阅读书籍
不应设限

广泛地接触各类书籍才是最好的读书方式。

"书是心灵的粮食",虽然人们一直在强调这句话,但是书并不是看得愈多愈好。看完之后,能够充分地吸收内容,并且将它变成自己的知识,才是最好的读书方式。也就是说,我们必须懂得活用书本里的知识,并且将通过书本所得到的经验运用在自己的日常生活中。

特别是你这个年纪的小孩,千万不要只看同一类的书籍,不妨同时接触文学、科学及历史类的书籍,因为广泛地接触各类书籍才是最好的阅读方式。

爸爸觉得你好像比较偏爱阅读科学方面的书籍,这并不是良好的阅读习惯。因为只看同一种类型的书籍,会使你在接触内容比较有深度的小说或是诗作时,产生阅读上的困难,甚至使你觉得这些书都很无聊。此外,假如你一直看漫画的话,当你阅读一般书籍时,也会有类似的困难。

所以,爸爸希望你能从现在开始,养成阅读各类书籍的习惯。

041 培养良好的
学习习惯

只有上课时认真听讲的学生才能永远领先他人。

爸爸希望你能够坚强且健康地成长，并且将重心放在学习上面，我想，这应该也是全天下的父母对子女的心愿。爸爸这么说，不是只要你专心念书，而是想告诉你更有效率的学习方式——如果你觉得爸爸的方法不错，不妨尝试看看。

其实，只要看看你的朋友就知道了，现在的小孩子常觉得只在学校学习还不够，所以，很多人便会参加补习班，或是额外再买参考书来念，导致自己连跟朋友一起玩耍的时间也没有。每次一想到这里，爸爸就会觉得于心不忍，因为不是这么做就可以把书念好。

懂得如何运用时间，并且思考更有效率的学习方式才是重点所在。以爸爸自己的经验来看，我认为最有效的方法就是上课的时候认真听讲。你只要按照爸爸的方式去做，等到考完试之后，自然就知道爸爸这么说对不对了。就算你参加再多的补习班，买再多的参考书，如果上课不专心听讲，一定还是无法得到高分。简单地说，只有上课时认真听讲的学生才能永远领先他人。

另一个方法就是在考前为自己制作一份模拟考题。虽然刚开始时，你不一定知道重点在哪里，不过，只要经过几次练习后，自然就能抓住要领。特别是你上了中学以后，每一个科目的老师都不一样，只要上课时集中精神听讲，便能轻易地掌握考试方向，

因为老师上课时所讲的内容都是考试的重点，所以，只要认真听课，一定能获得好成绩。

最后，爸爸要提醒你，除了考前的准备外，平日的温习也很重要，爸爸希望你能养成课前预习的好习惯，这样可以帮助你了解、记住上课的内容。如果忘了预习，那就利用10分钟的下课时间大略看一下，只不过这种效果没有事先预习那么好。

如果你能彻底实行上述的学习方法，那么，你在考试期间就不会感到焦急，也不需要熬夜看书，甚至还会觉得念书是件很容易的事。

要别人时时督促你念书并不是件好事，只有你自己了解读书的目的，以及体会学习的必要性，才能养成良好的读书习惯。爸爸希望你能明白这个道理，并且依照爸爸教你的方式念书，相信一定可以增加玩耍的时间。

042 试着培养自己的爱好

爱好可以让你打发时间,而且好的爱好对你日后找工作也会有帮助。

爸爸今天想跟你聊聊有关爸爸年轻时的事情。记得爸爸在上了大学以后，一直很羡慕那些参加社团的同学。有一次，爸爸的同学在得知爸爸的想法后，就带我参加他们的写作社，因为我们两个的兴趣相似，所以常会互相交换彼此的文章，并且给予对方一点意见，我们的写作能力也在不知不觉中慢慢进步了。你知道爸爸那位朋友的爱好是什么吗？就是看"国语辞典"。怎么会有人的爱好是看国语辞典呢？很有趣吧？爸爸刚开始也以为他是在开玩笑，但是相处久了以后，才知道这是千真万确的事。由于爸爸从来没有想过要看辞典，总以为自己说的话都是对的，因此，这件事给了我很大的影响。从那时起，我才了解到他的写作能力是如何培养的，而这件事也让我对"爱好"的看法，有了很大的转变。

那么，爱好到底是什么呢？当你对某一件事很感兴趣，并且很认真地去做时，就是所谓的"爱好"。你的爱好会提升你在这方面的潜力，让你展现比别人更出色的才华。不过，大部分的人都以为爱好应该是一项特别的活动，这也让许多人因此有了借口，例如"培养爱好应该要花很多钱吧"或是"都已经没时间念书了"等，所以，很多人觉得有没有爱好都无所谓。可是，只要看看爸爸的朋友就知道，爱好不但不需要花钱，而且也不会浪费时间。爱好可以让你打发时间，而且好的爱好对你日后找工作也会有帮助。毕竟，从事自己感兴趣的工作总是比较快乐，而且也会感到很欣慰。在求学阶段，只会念书并不是正确的生活态度，所以，爸爸希望你除了念书以外，也能拥有一项特别的爱好。

043 永葆一颗乐观的心

当你觉得很累、很难过的时候,更要保持乐观的态度,因为你的心态将决定事情的发展。

爸爸想跟你说的是，就算遇到困难，也不要受到环境或事情本身的影响，唯有保持乐观的态度才有办法突破困境。

乐观的态度是指就算碰上再困难的事情，也不要存有"我不行"的否定想法——要以"事情会好转的"或是"我一定做得到"的心态来自我勉励。

生活中有许多快乐的事情，当然也会有遇到困境的时候。就像到郊外爬山一样，当你爬上山后当然也要下山。因此，不论是好事还是坏事，都不会永远降临在你身上。

许多人一遭遇困境时就会自怨自艾、自暴自弃，这种态度是最要不得的。虽然人在脆弱的时候，碰到许多事情都会感到挫折或是想要放弃，但是这样并不能解决问题。

如果你这次的考试成绩很糟糕，而你只会自怨自艾的话，你觉得下一次的考试会怎么样呢？爸爸当然知道你会感到很难过、很失望，觉得对不起爸爸妈妈。但是，当你觉得很累、很难过的时候，更要保持乐观的态度，因为你的心态将决定事情的发展，甚至足以左右事情的结果。

所以，我亲爱的女儿，如果你以后碰到这样的情况，记得一定要保持"事情会好转的"或是"我一定做得到"的乐观态度来克服逆境，了解爸爸的意思吗？

044 勇于挑战自我

无论在什么场合,最受欢迎的人就是具有幽默感的人。希望你也能试着努力成为懂得发挥幽默感的人!

这个世界永远在等待有勇气挑战的人，不限身份、不分年龄，只要勇于挑战，机会永远都在。

不过，若是到了爸爸这个年纪，可能就有点为时已晚了。记得爸爸在就读高中以前，从来没有想过以后要做什么，每天只想跟朋友出去玩耍。

有一天，我的老师突然叫我去办公室，当我走进办公室时，便看到爷爷奶奶正在跟老师谈话，由于爸爸当时并不是好学生，所以，我便猜想老师一定在跟爷爷奶奶讲我做了什么坏事。可是没想到，一直很信任爸爸的爷爷奶奶，认为爸爸绝对不是个坏小孩，反而回过头来指责那位不信任我的老师。就是因为这件事情，让我下定决心，为了父母也为了我自己，我一定要改过自新、努力向上。

假如没有发生那件事，也许爸爸直到现在还不敢挑战自我和挑战这个世界。因此，爸爸希望你能够和我一样，不论动机为何，都要勇于接受挑战。希望当你挑战困难时，这本书能够为你提供一些帮助。

记住爸爸所说的话，这些话对你的人生非常重要，因为你的挑战已经开始。

图书在版编目（CIP）数据

一定要告诉女儿的那些事/（英）切斯特菲尔德著；（韩）张敬根，（韩）吉柱改编；（韩）李佾善绘；徐月珠译. ——北京：北京联合出版公司，2016.3（2022.6重印）
ISBN 978-7-5502-7260-6

Ⅰ. ①一… Ⅱ. ①切… ②张… ③吉… ④李… ⑤徐… Ⅲ. ①女性-家庭教育 Ⅳ. ①G78

中国版本图书馆CIP数据核字(2016)第047602号
北京版权局著作权合同登记 图字：01-2016-1391号

아버지가 딸에게 꼭 하고 싶은 말 © 2003 written by Gil Zhu, Zhang Kyoung Gen & illustrated by Lee Il Sun All rights reserved.
Simplified Chinese Translation rights arranged by KukMin Publishing Co. through Shinwon Agency Co., Korea
Simplified Chinese Translation Copyright © 2011 by Beijing Zito Books Co., Ltd.

一定要告诉女儿的那些事

原　　著　[英]切斯特菲尔德
改　　编　[韩]张敬根　吉柱
绘　　者　[韩]李佾善
译　　者　徐月珠
责任编辑　闻静　徐秀琴
项目策划　紫图图书 ZITO®
监　　制　黄利　万夏
特约编辑　高翔
营销支持　曹莉丽
版权支持　王福娇
装帧设计　紫图装帧

北京联合出版公司出版
（北京市西城区德外大街83号楼9层　100088）
艺堂印刷（天津）有限公司印刷　新华书店经销
字数24千字　720毫米×1000毫米　1/16　7印张
2019年6月第2版　2022年6月第24次印刷
ISBN 978-7-5502-7260-6
定价：49.90元

版权所有，侵权必究
未经许可，不得以任何方式复制或抄袭本书部分或全部内容
本书若有质量问题，请与本公司图书销售中心联系调换。电话：010-64360026-103

爸爸
写给女儿的那些话

今天你　　岁　　月　　天

今天你　　岁　月　天

年　月　日

今天你　　岁　　月　　天

年　月　日

今天你　　岁　　月　　天

　　　　　　　　　　　　　　　　　　　　　　　年　月　日

今天你　　岁　月　天

年　月　日

今天你　　岁　月　天

年　月　日

今天你　岁　月　天

年　月　日

今天你　　岁　　月　　天

年　月　日

memo

memo

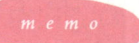

memo

memo

memo

memo

memo

memo

memo

memo

memo

memo

m e m o

memo

memo

memo

memo

memo

今天你　　岁　　月　　天

年　月　日

今天你　岁　月　天

年　月　日

今天你　　岁　月　　天

年　月　日

今天你　　岁　　月　　天

年　月　日

今天你　　岁　　月　　天

年　月　日

今天你　　岁　月　　天

年　月　日

今天你　　岁　　月　　天

年　月　日

name

....

mobile

....

Adderss

....

E·mail

....

msn

....

Birthday

....